Vorwort

In der Krankheit erleben wir uns oft als sprachlos. Wir können nicht verstehen, was mit uns geschehen ist. In dieser Sprachlosigkeit sehnen wir uns nach Worten, die uns guttun. Segensworte sind solche guten Worte. Das lateinische Wort für »segnen« heißt »benedicere«. Das meint wörtlich: »gute Worte sagen«. Auf den folgenden Seiten habe ich Segensworte aufgeschrieben, die du dir selbst vorlesen kannst. Indem du sie laut liest, können sie in dein Herz fallen. Du findest in deiner Sprachlosigkeit Worte, die dich in Berührung bringen möchten mit den inneren Ahnungen deines Herzens.

Manche Segensgebete sind auch so verfasst, dass andere sie dir vorlesen und sie für dich beten können. Bitte zum Beispiel jemanden, der dich besucht, ein solches Segensgebet für dich zu sprechen. Wenn du das Gebet mit der Stimme eines anderen hörst, dann spürst du nicht nur die Worte, sondern auch die Liebe dieses Menschen, der sie dir zuspricht.

Worte können wie ein Licht auf unserem Weg sein, wie es schon in den Psalmen zu lesen ist: »Dein Wort ist meinem Fuß eine Leuchte, ein Licht für meinen Pfad« (Psalm 119,105). Mögen die folgenden Worte für dich Licht sein auf deinem Weg durch das Dunkle und oft Unbegreifliche der Krankheit. Sie mögen dich stützen auf deinem Weg und dich selbst zum Segen werden lassen für die Menschen, die dich besuchen und denen du begegnest.

Das wünscht dir dein Pater Anselm Grün

Anselm Grün

Du kannst vertrauen

Worte der Zuversicht in Zeiten der Krankheit

Vier-Türme-Verlag

Du bist krank geworden. Die Krankheit reißt dich aus deinem gewohnten Leben. Sie verunsichert dich. Du weißt nicht, woher sie kommt und was Gott dir damit sagen möchte.

Gottes Segen begleite dich
in deiner Krankheit.
Gottes Segen erfülle dich
mit der heilenden Kraft
des Heiligen Geistes.
Der Heilige Geist stärke dich
und die heilenden Kräfte in
deiner Seele und in deinem Leib.
Gottes Segen sei für dich der Schutzraum,
in dem du dich in deiner Krankheit
geborgen fühlst.

Gottes Segen sei für dich wie eine liebende Hand, die dich trägt. Lass dich in Gottes gute Hände fallen und vertraue darauf, dass sie dich heilen.

Gottes Segen begleite dich
in deiner Krankheit,
damit die Krankheit dich nicht
von Gott wegführt,
sondern dich immer mehr für seine
unbegreifliche Liebe aufbricht.
Gottes Segen erfülle dich
mit der Hoffnung, dass er dich heilt
und dich durch die Krankheit
immer mehr in Berührung bringt
mit deinem inneren Kern,
deinem wahren Selbst.
Gottes Segen möge deine Krankheit
in Segen verwandeln,
er möge dein Herz ganz und gar
für ihn öffnen und durchlässig machen
für seine Liebe.

Barmherziger und guter Gott,
du allein weißt, wie es wirklich
um mich steht. Du kennst mein
Grübeln darüber, warum mich
diese Krankheit getroffen hat.
Du kennst mein Klagen, meine
Rebellion gegen diese Krank-
heit. Und du kennst meine
Sehnsucht nach Heilung.

Ich möchte wieder gesund werden.
Ich möchte den Geschmack
wirklichen Lebens wieder schmecken.
Ich möchte mit meinen Angehörigen
noch viele schöne Stunden erleben.
Ich habe noch soviel vor.
Schau auf mich und meine Sehnsucht.
Heile mich.
Richte mich wieder auf.
Sende mir deine heiligen Engel,
dass sie sich um mich stellen,
dass sie mich behüten und
vor allem Unheil schützen.

Barmherziger und guter Gott, sende
mir deinen Heiligen Geist. Durchdringe
meinen Leib mit deinem Heiligen Geist.

Lass deinen heiligen und heilenden Geist
in alle Poren meines Leibes strömen
und alles Kranke in mir vertreiben.
Erfülle mich mit deinem Leben.
Nimm mir meine Angst, meine Unruhe,
meine Beklommenheit.
Erfülle mich mit deinem Vertrauen,
dass ich mich in deiner guten Hand weiß,
von dir getragen und geschützt.
Schenke mir inneren Frieden,
Versöhnung mit allem, was war.
Stärke mich in meiner Krankheit,
dass ich durch sie hindurch zu dir finde,
dem Ziel meiner Sehnsucht.

Barmherziger und
guter Gott, segne
und behüte mich.
Lass dein Angesicht
über mir leuchten
und schenke mir
deinen Frieden.

Sei mir gnädig.
Lass in deiner Gnade
deine Liebe in mich eindringen.
Und schenke mir die Gnade
der Genesung.
Sei du in mir als Licht,
das alle Dunkelheit erhellt.
Sei du in mir als die Kraft,
die meine Schwäche verwandelt.
Sei du in mir als der Trost, der zu mir steht,
der mir Halt gibt in meiner Unsicherheit.
Sei du in mir als die Quelle der Liebe,
die nie versiegt.
Sei du vor mir als der Schild,
der mich vor allem Unheil bewahrt.
Amen.

Barmherziger und
guter Gott,
lass deinen heiligen
Segen um mich sein
wie ein schützender
und wärmender Mantel.

Lass mich in deinem Segen
Geborgenheit und Heimat erfahren.
Begleite mich auf meinem Weg,
wohin immer er auch führen mag.
Durchdringe mein Herz
mit deiner zärtlichen Liebe
und hülle mich ein in deine Liebe,
damit ich mich von ihr umgeben
und geschützt weiß,
und dass deine Liebe
in alle meine Wunden strömt
und sie mit deiner heilenden
Kraft erfüllt.
Amen.

Barmherziger Gott,
du kennst meine Angst
vor meiner Krankheit.

Ich möchte nicht wahrhaben,
wie schwer meine Krankheit ist.
Ich möchte am liebsten die Augen
vor der Wirklichkeit verschließen.
Aber ich weiß, dass das nicht geht.
Halte du mich zärtlich in deinen Händen.
Wenn ich spüre, dass du mich liebevoll umarmst,
kann ich in deinen Armen die Angst zulassen.
Ich falle dann nicht in ein Loch.
Ich bin von dir gehalten.
Sende deinen Geist der Hoffnung in meine Angst,
dass ich trotz aller Angst Hoffnung habe,
dass die Zeit, die du mir schenkst,
eine wertvolle Zeit ist.
Öffne mir die Augen für das,
was wesentlich ist in meinem Leben.

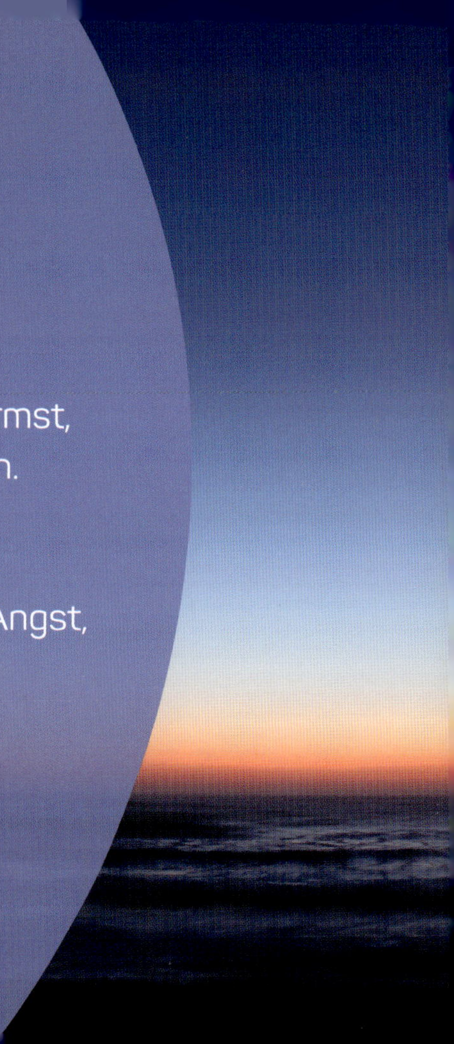

Barmherziger und guter Gott, schenke mir das Vertrauen, dass ich nie aus deinen Händen fallen kann.

Mache mich durch deinen Geist fähig,
mit meinen Angehörigen über das zu sprechen,
was unsere Herzen wirklich bewegt,
ihnen meine Liebe und meinen Dank zu sagen.
Schenke mir die Gewissheit,
dass die Liebe stärker ist als Krankheit und Tod,
dass die Liebe über den Tod hinaus lebendig bleibt
und uns weiterhin miteinander verbindet.
Barmherziger Gott,
verwandle du meine Angst in Hoffnung,
Vertrauen und Liebe.
Amen.

Barmherziger und guter Gott,
du bist mein Vater. Du bist meine
Mutter. Sei bei mir, verlass mich
nicht, wenn ich mich selbst nicht
gut aushalten kann.

Bleibe bei mir mit deinem Segen.
Halte deine schützende Hand über mir.
Sei du über mir als ein schützendes Dach,
das alles Bedrohliche von mir abhält.
Bleibe bei mir in meiner Schwäche und in meiner Kraft,
in meiner Ohnmacht und in meiner Stärke,
in meiner Verzweiflung und in meiner Hoffnung,
in meiner Angst und in meinem Vertrauen,
in meiner Trauer und in meiner Freude.
Lass mich immer und überall
deine heilende und liebende Nähe spüren.
Amen.

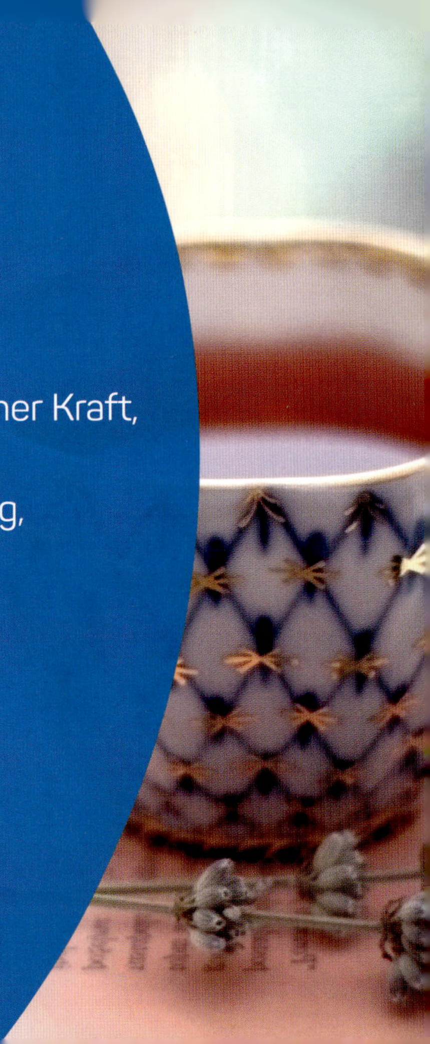

Barmherziger und guter Gott,
durch die Krankheit zerbrichst du
meine Vorstellungen vom Leben.
Bewahre mich davor, dass ich
selbst an meiner Krankheit
zerbreche.

Brich mich auf
für mein wahres Selbst.
Brich mich auf
für die Menschen
um mich herum,
damit ich ihnen
achtsamer begegne.
Brich mich auf
für das Geheimnis
deiner unbegreiflichen
Liebe.

Guter Gott, gib du mir
die richtigen Worte.

Lass mich die Worte finden,
die ich längst einmal den
Menschen sagen wollte,
die ich liebe,
die ich mich aber bisher nie
getraut habe zu sagen.
Schenke mir den Mut, das
auszusprechen,
was mein Herz wirklich bewegt.
Lass meine Worte zu Segens-
worten werden für die Men-
schen, zu guten Worten,
die sie begleiten und
aufrichten.

Gottes Segen begleite dich in deiner Krankheit, damit diese dich nicht von Gott wegführt, sondern dich immer mehr für seine unbegreifliche Liebe aufbricht.

Gottes Segen erfülle dich
mit der Hoffnung,
dass er dich heilt
und dich durch die Krankheit
immer mehr in Berührung bringt
mit deinem inneren Kern,
mit deinem wahren Selbst.
Wenn dieses wahre Selbst
immer mehr in dir aufleuchtet,
dann bist du selbst ein Segen
für die Menschen,
die dich besuchen.

Jesus hat das, was ihm von außen widerfahren ist, in Hingabe verwandelt.

Gottes Segen befähige auch dich,
die Krankheit, die dir
von außen widerfahren ist,
die deine Lebenspläne durchkreuzt hat,
in Hingabe und Liebe zu verwandeln.
Wenn du deine Krankheit
für die Menschen auf dich nimmst,
die du liebst,
dann wirst du in deiner Krankheit
zum Segen für viele,
weil sie die Liebe spüren,
die von dir ausgeht.

Viele beten für dich in deiner Krankheit. Du bist getragen vom Gebet vieler Menschen.

Du bist nicht allein
in deiner Krankheit.
Vertraue darauf,
dass das Gebet der anderen
für dich heilsam ist.
Es dringt wie Strahlen
der Liebe in dich ein.
Es vermag auch in deinen
kranken Körper zu strömen
und dich zu stärken,
damit die heilenden Kräfte
in dir immer mehr
ihre Stärke entfalten.

Die Krankheit kam plötzlich zu dir. Du hast gedacht, es sei alles in Ordnung. Jetzt ist dein Leben durcheinandergeraten.

Gottes Segen sei über dir.
Gottes Segen führe dich in deine Mitte,
in den inneren Raum,
in dem die Krankheit keine Macht
hat über dich.
Stelle dir vor, dass der Grund
deiner Seele
heil und ganz ist.
Dort schützt dich Gottes Segen vor allem,
was dich bedroht und bedrängt.

Worte sind wirksam.
Sprich die uralten Segen
nach und traue ihnen.

In diesen alten Worten kommt dir der Glaube von Menschen entgegen, die diese seit 3000 Jahren beten. Sie stehen gleichsam hinter dir und stärken deinen Rücken:

»Der Herr gebe dir Antwort am Tage der Not,
der Name des Gottes Jakobs möge dich schützen.
Er sende dir Hilfe vom Heiligtum,
vom Zion her sei er dein Beistand.
Er schenke dir, wonach dein Herz verlangt,
er erfülle dir all dein Planen.«
(Psalm 20,2–5)

»Der Herr ist mein Hirte,
nichts kann mir fehlen« –
Psalm 23 hat vielen kranken
Menschen Vertrauen geschenkt.

Sprich die Worte des Psalms laut und
langsam vor dich hin. Überlege dir:
Wenn diese Worte stimmen, wie fühlst du dich dann?

»Der Herr ist mein Hirte, nichts kann mir fehlen.
Auf grünen Auen lässt er mich lagern.
Er führt mich zur Ruhe an frische Wasser,
er stillt mein Verlangen.
Muss ich auch gehen in finsterer Schlucht,
ich fürchte kein Unheil.
Du bist ja bei mir!
Dein Stab und dein Stecken,
sie geben mir Zuversicht.«
(Psalm 23,1–4)

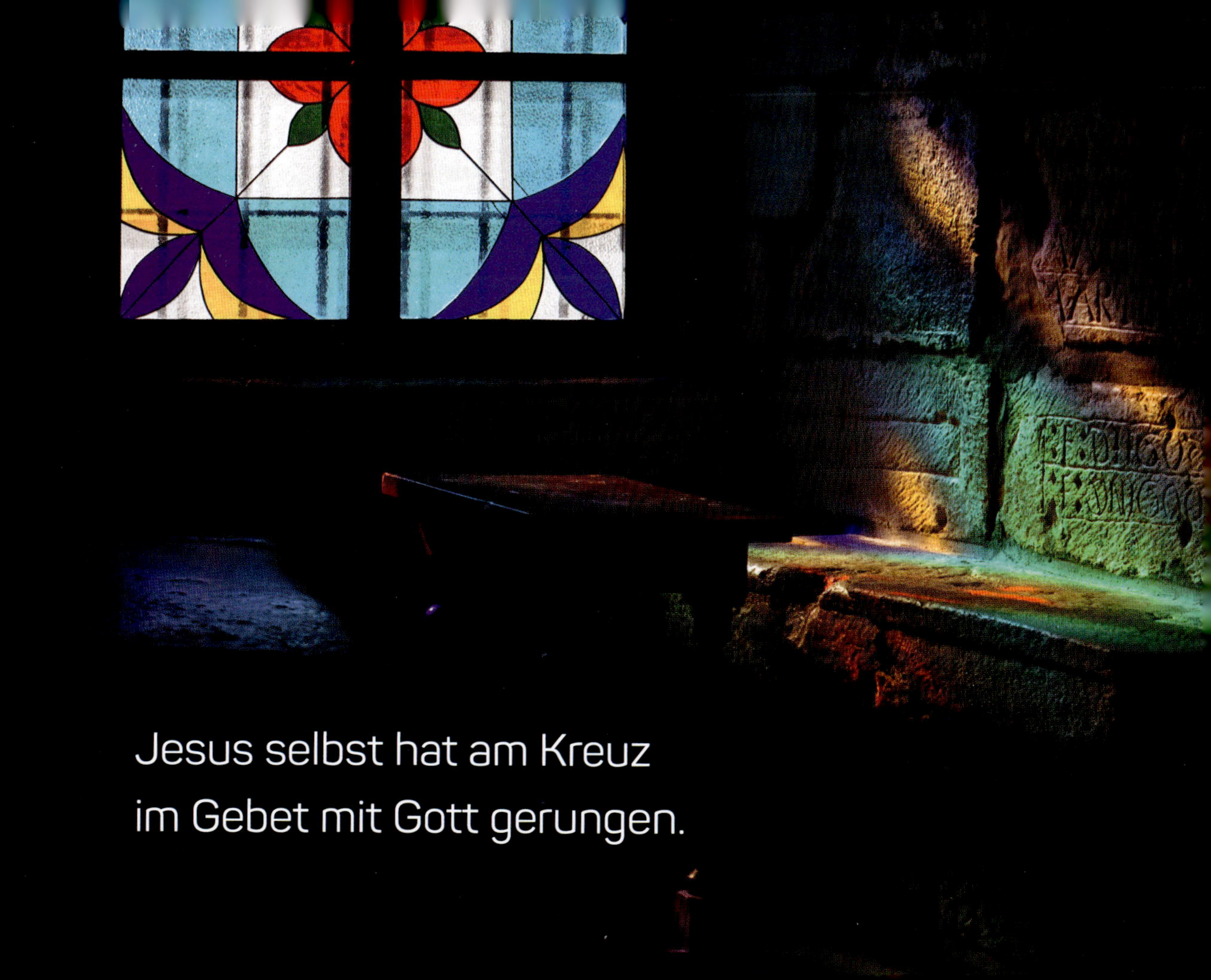

Jesus selbst hat am Kreuz
im Gebet mit Gott gerungen.

Bete mit Jesus die Worte, die er – so sagt uns das Lukasevangelium – am Kreuz gebetet hat:

»Sei mir gnädig, o Herr,
mir ist bange,
mein Auge, meine Seele, mein Leib,
sie vergehen vor Jammer.
Ja, in Kummer verzehrt sich mein Leben,
und meine Jahre verrinnen in Seufzen.
Ich aber, Herr, ich vertraue auf dich, ich sage:
Mein Gott bist du!
In deiner Hand ist mein Geschick.
Lass leuchten über deinem Knecht dein Antlitz,
rette mich in deiner Liebe.«
(Psalm 31,10f.15f)

In der Krankheit bitten wir Gott, dass er uns helfe. Lukas erzählt uns von Paulus und Silas, die im Gefängnis um Mitternacht beginnen, Loblieder zu singen. Auf einmal lösen sich ihre Ketten, die Türen springen auf und sie sind frei.

Auch wenn es dir schwerfällt, versuche mitten aus deiner Krankheit heraus Gott mit den Worten von Psalm 103 zu loben. Vielleicht lösen sich dann auch in dir Fesseln:

»Lobe den Herrn, meine Seele,
und alles in mir seinen heiligen Namen!
Lobe den Herrn, meine Seele,
und vergiss nicht, was er dir Gutes getan hat.
All deine Schuld vergibt er,
alle deine Gebrechen heilt er.
Aus dem Untergang erlöst er dein Leben,
er krönt dich mit Erbarmen und Liebe.«
(Psalm 103,1–4)

Die Bibel berichtet
von vielen Menschen,
die krank wurden und
denen es ähnlich
zumute war wie dir.

König Hiskia wurde schwer krank (Jesaja 38,3). So weinte er vor Gott und drückte ihm gegenüber seine Klage aus:

»Wie ein Weber hast du mein Leben zu Ende gewoben, du schneidest mich ab wie ein fertig gewobenes Tuch.« (Jesaja 38,12)

Gott hört auf sein Flehen und fügt seinem Leben noch 15 Jahre hinzu.
So möge Gottes Segen dir noch lange Zeit schenken,
damit du deine Lebensspur noch deutlicher und klarer in diese Welt eingraben kannst.

Die Leute brachten ihre Kranken zu Jesus: »Er legte jedem Kranken die Hände auf und heilte alle« (Lukas 4,40). Das wünschen wir uns auch, dass Jesus unsere Krankheit heilt.

Stelle dir vor, dass Jesus
seine Hände auf dich legt und
Gottes Segen und Gottes heilende Kraft in dich einströmen lässt.
Vertraue darauf, dass Gottes
heilende Kraft dich stärkt und
dich heil macht, auch wenn deine
Krankheit nicht verschwindet.
Aber du wirst heil und ganz werden.
Alles in dir wird durchdrungen von
der heilenden und liebenden Kraft
Gottes.

Zu dem, der schon seit 38 Jahren
krank war und keine Chance mehr
auf Heilung hatte, sagte Jesus:
»Willst du wirklich gesund werden?«
(Johannes 5,6)

Der Kranke antwortete ausweichend. Er hatte keinen Menschen, der ihm half. Doch Jesus sagte ihm einfach: »Steh auf, nimm dein Bett und geh!« (Johannes 5,8). Lass dieses Wort Jesu in dich eindringen. Nimm deine Krankheit unter den Arm und steh auf mit ihr.

Lass dich nicht fesseln an die Krankheit. Du kannst auch in deiner Krankheit aufstehen, Dich aufrichten und als du selbst mit deiner unantastbaren Würde zu den Menschen gehen.

Zu dem blinden Bartimäus sagt Jesus: »Was willst du, dass ich dir tun soll?«
(Markus 10,51)

Jesus fragt auch dich in deiner Krankheit:
»Was willst du, dass ich dir tun soll?«
Willst du von deiner körperlichen Krankheit geheilt werden oder willst du als Mensch heil sein, ganz sein, im Einklang sein mit dir selbst, ein Segen für die Menschen?
Überlege, was dir Jesus tun soll.
Und dann bitte um den Segen Jesu, dass er das an dir tut, was deiner tiefsten Sehnsucht entspricht.

»Ich bitte dich, Herr, um die große Kraft,
diesen kleinen Tag zu bestehen.«

Ernst Ginsberg, ein großer Schauspieler, erkrankte an Kehlkopfkrebs. Er betete in seiner Krankheit. Vielleicht kann dir dieses Gebet helfen, deine Krankheit zu bewältigen:

»Ich bitte dich, Herr, um die große Kraft,
diesen kleinen Tag zu bestehen,
um auf dem großen Wege zu dir
einen kleinen Schritt weiterzugehen.«

Barmherziger Gott, ich bitte dich,
schenke mir den Geist der Dankbarkeit.

Schenke mir den Geist der Dankbarkeit,
damit ich dankbar jeden Augenblick
annehmen kann,
den du mir schenkst,
damit ich dankbar die Hilfe wahrnehme,
die mir liebe Menschen gerne geben.
Lass mich dankbar sein,
dass ich atmen, dass ich sprechen,
dass ich lächeln
und dass ich meinen Dank
den Menschen erweisen kann,
die um mich sind.
Die Dankbarkeit wird
meine Krankheit verwandeln.
Darauf vertraue ich
und dafür danke ich dir.

Barmherziger Gott,
ich bitte dich,
schenke mir
den Geist
der Geduld.

Guter Gott, ich bin oft so ungeduldig.
Ich denke, die Medizin müsste doch helfen,
das Gebet müsste doch helfen.
Schenke mir Geduld mit mir selbst,
dass ich weiter warte auf das Heil,
das du mir versprochen hast.
Aber mache mich auch offen dafür,
dass das Heil vielleicht anders aussieht,
als ich es mir vorgestellt habe.
Ich vertraue darauf,
dass du an mir handelst, zu meinem Heil.
Gib mir Geduld, dass ich darauf
auch vertrauen kann,
wenn ich keine Wirkung
meiner Gebete spüre.

Barmherziger Gott,
ich bitte dich,
schenke mir
den Geist
der Gelassenheit.

Der Engel der Gelassenheit begleite dich.
Er gebe dir Gelassenheit bei allem,
was geschieht.
Lass es einfach zu, so, wie es kommt.
Wenn du es lässt, wird es gut für dich.
Lass die Menschen, die dir begegnen,
so sein, wie sie sind.
Lass dein eigenes Ego los,
damit du dich gelassen
in Gott hinein loslassen kannst.
In Gott wirst du Ruhe finden,
Gelassenheit, Freiheit und Frieden.

Barmherziger Gott,
ich bitte dich,
schenke mir den
Geist der Hoffnung.

Ich wünsche dir den Engel der Hoffnung.
Wir sollen immer auf das Wunder
der Heilung hoffen.
Gott hält oft überraschende Wege für uns bereit.
Der Engel der Hoffnung zeige dir,
dass die Zeit, die du leben darfst,
eine wertvolle Zeit ist.
Der Engel der Hoffnung verwandle dich
in deiner Krankheit,
damit du selbst für die Menschen,
die dich besuchen und begleiten,
zu einem Engel der Hoffnung wirst,
der neues Licht und neue Zuversicht
in ihr Leben bringt.

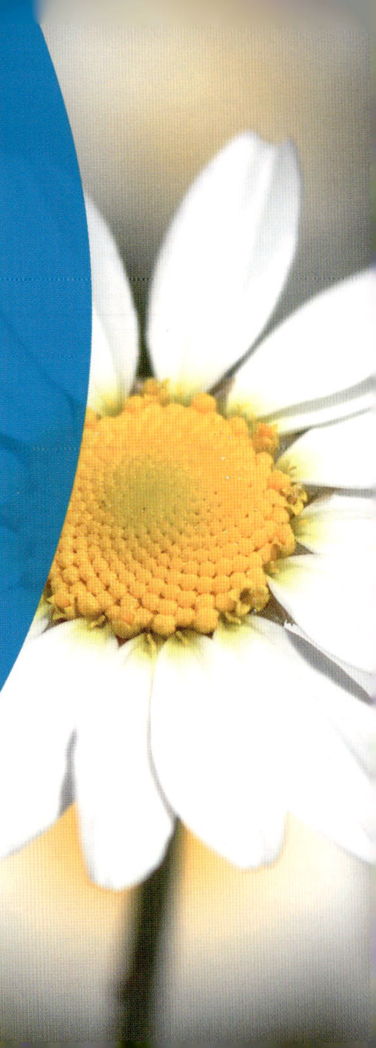

Als Jesus die Kinder segnet, tut er es in dreifacher Weise: Er umarmt sie. Er legt ihnen die Hände auf. Und er spricht gute Worte zu ihnen (vgl. Markus 10,16).

Stell dir vor,
dass Jesus dich jetzt umarmt.
Er drückt dich in deiner Ohnmacht an sich, damit du dich ganz und gar angenommen fühlst. Er legt seine Hand auf dich. Er behütet und schützt dich. Du kannst nicht aus seiner Hand fallen.
Und er spricht diese guten Worte zu dir: »Du bist meine geliebte Tochter, du bist mein geliebter Sohn. An dir habe ich Gefallen. Ich liebe dich.«

Für uns Christen
ist das Kreuz die
Gebärde des Segnens.

Zeichne ganz langsam das Kreuzzeichen auf deinen Leib. Lass in dein Denken Jesu barmherzige Liebe strömen, damit deine bitteren Gedanken sich in süße Gedanken verwandeln. Lass die Liebe Jesu in deine brüchige Vitalität hineinströmen, damit dein ganzer Leib von Jesu Liebe durchdrungen wird.
Dann halte deine Hand auf die linke Schulter und lass die Liebe in alles Unbekannte deines Unbewussten strömen, damit alles erhellt wird. Lass nun die Liebe Jesu in deine rechte Schulter strömen, in dein Handeln, in dein Sprechen, in alles, was du den Menschen von dir zeigst. Dann wird alles, was du zeigst und tust, zum Ausdruck von Liebe werden – ein Segen für alle, die dich besuchen.